apropos: leben

Ruth Heil

# DU DARFST DICH FREUEN

## Wünsche zur Konfirmation

Hey, du hast allen Grund, dich zu freuen! Wusstest du, dass deine Planung schon stattfand, als deine Eltern höchstens von dir träumten? Gott wollte, dass es dich gibt!
Vielleicht kannst du dich selbst nicht richtig leiden, bist unzufrieden mit dir. Trotzdem liebt Gott dich – brutto! Er sucht keine vollkommenen Leute. Er will Menschen, die ihn suchen, mit ihm reden. Jede Sprache, sogar deinen Dialekt versteht er. Und er weiß sogar, was dich bewegt, wenn du manchmal einfach nur verzweifelt schweigst. Du darfst dich freuen: ER versteht dich vollkommen!

Alles Gute für dich wünscht dir
Ruth Heil

Fang an zu danken, und du wirst froh. Sei froh, und du findest immer etwas zum Danken. Wenn du anderen gegenüber Dankbarkeit ausdrückst, werden sie froh darauf reagieren. Kritik zieht herunter, Freude und Dank aber wirken wie Lebenselixier.

Schenke ein Lächeln, und ein betrübter
Mensch wird froh. Schenke Freude,
und eine verschlossene Blüte öffnet sich.
Freude ist wie ein Sonnenstrahl
für das Herz eines Betrübten.

Aus Gott entspringt alle Freude. Lass dich von ihm mit Freude beschenken!
Wenn du ihn kennst, kannst du dich in allen Lagen in seine Hand fallen lassen. Und du wirst spüren, dass er dich hält.

Wenn du lernst zu danken, wirst du im Rückblick immer sagen können:
Es war Mühe und Not in meinem Leben, aber in der Hand Gottes wurde mir alles zu meinem Besten.

Zeige mir einen zufriedenen Menschen, und ich werde dir beweisen, dass sein Geheimnis die Dankbarkeit ist.
Der Dankbare findet immer neuen Grund zum Danken, und der Undankbare immer Grund zum Klagen. Wer Gott seinen Dank bringt, wird entdecken, wie Heil und Heilung in sein Leben kommen.

Reiz des Neuen,
Aufbruch ins Unbekannte,
Herausforderung deiner Kraft,
Grenzerfahrungen ...
Ist Leben mit Gott nicht langweilig?
Immer »brav« sein und angepasst leben,
zu allen freundlich sein.
Jesus sagt dir ein erfülltes Leben zu.
Keine Verbote! Dafür:
Wegweiser zur Freude ohne Reue über
Pfusch und Irrwege mit bitterem
Nachgeschmack.

Wo finde ich wirklichen Schutz für meine verletzbaren Gefühle, für meine aufgewühlten Gedanken,
für mein unruhiges Herz?
»Wer unter dem Schirm des Höchsten sitzt …, der spricht zu dem Herrn: Meine Zuversicht und meine Burg, mein Gott, auf den ich hoffe.«

Alles hat einmal sehr klein angefangen, bevor es begann, Frucht zu tragen. Gib dich selbst nicht auf! Hab Geduld zum Warten. Verzweifle nicht daran, wenn du es nicht schaffst, so zu sein, wie du denkst, du solltest sein, oder wie du fühlst, andere würden dich gerne so sehen. Gib dich nicht mit dem Klischee ab, das andere dir aufdrücken wollen. Hab den Mut, so zu werden, wie Gott dich meint.

Als Gott dich schuf, legte er liebevoll ein Stück von sich selbst in dich hinein.
Er wollte, dass du einmalig bist.
Kennst du das Bild, das er in dich geprägt hat?
Weißt du um die Gaben, die er dir anvertraut hat? Vielleicht verachtest du sie?
Du hättest gerne andere. Hadernd hast du deine Gaben vergraben.
Hol sie aus dem Versteck! Lebe die Gaben, die du hast.
Wer das, was ihm anvertraut wurde, mit Dank annimmt, wird immer mehr empfangen und dabei glücklich sein.

Es gibt niemanden, der ist, wie du bist. An deinem Gang sehe ich, dass du es bist, der kommt.
Und am Telefon weiß ich, dass du sprichst.
Sogar dein Lächeln verrät dich. Selbst die Art, wie du in den Mantel schlüpfst, ist besonders. Ich erkenne an der Anschrift auf meinem Brief, dass er deinen Schriftzug trägt. Wer wagte zu bezweifeln, dass du wirklich einmalig bist?!

Du bist sehr wertvoll! Um dich zu kaufen,
wurde ein hoher Preis bezahlt.
Jemand ließ sich für dich töten.
Damit du frei sein könntest, gab der
Sohn Gottes sein Leben für dein Leben.
Niemand hat größere Liebe,
als der sein Leben hingibt für seinen
Freund. Du darfst ein Freund Jesu sein.
Als er starb, hatte er dich im Auge.
Seine Liebe galt und gilt für immer noch.
Niemand könnte mehr für dich tun,
als er tat.

Als ich mein Herz ausgeschüttet hatte, merkte ich, dass in ihren Augen Tränen standen. Da war ich getröstet, denn ich wusste, dass ich in meinem Leid nicht allein war. Und fast unmerklich schlich sich in mein Herz der Gedanke, dass sogar Glück in meinem Schmerz lag, weil ich entdeckte, dass mich jemand lieb hatte.

Erinnerungen können heilsam sein oder zerstören. »Wie schön war es damals ...« sollten wir in liebendem Herzen bewahren. »Welch einen furchtbaren Streit hatten wir« dürfen wir mit dem Blick auf das Ende liebevoll vergessen. Das Gute aufbewahren wie in einem Schatzkästlein, das Schlechte aussortieren und ans Kreuz geben zur Entsorgung.

Herr Jesus Christus, du bist der gute Hirte.
Ich fasse deine Hand. Du hast gesagt,
dass du an jedem Tag bei mir sein wirst.

Auf der Suche nach Glück führt der Weg am Kreuz vorbei. Dort hat einer das ganze Unglück meines Menschseins auf sich genommen. Er streckt die Hände nach mir aus. »Komm her zu mir, wenn du beladen bist«, sagt er liebevoll. Nur Einladung, kein Druck. Ich laufe in seine offenen Arme und finde mehr, als ich erträumte.

Nimm dich an mit deinen Gaben und mit deinen Grenzen. Du musst nicht sein, wie andere sind. Sei, wer du bist! Finde deine Identität! Jede Gabe trägt auch eine Schwäche in sich.
Du kannst nicht beides haben.
Arbeite an deinen Schwächen, aber überfordere dich nicht. Nimm dir kleine Schritte als Lernprozesse vor.
Freu dich an den Erfolgen!

Ich wünsche dir Freude

Eine bunte Blumenwiese, weiße Wolken,
Himmelsblau, Sonne, Wärme, Freude,
Lachen säume deinen Lebenspfad.
Tausendfach, so wünsch ich's dir,
soll dich jemand glücklich machen.

# Werde ein Segen

Segen ist Geschenk Gottes. Du brauchst ihn nicht zu produzieren.
Alles, was du tun musst: Öffne deine Hände und dein Herz.
Lass dich damit beschenken!

Bildnachweis:
Umschlagbild: Photodisc; Innenbilder: S. 5: G. Eppinger; S. 6:
J.-Th. Titz/TIPHO; S. 9, 25: R. Blesch; S. 10: H. Baumann; S. 13:
R. Geitz; S. 14, 21, 34: P. Friebe; S. 17: R. Balzerek; S. 18:
A. Timmermann; S. 22: R. Heil; S. 26, 38: V. Rauch; S. 29:
Photodesign Kirsch; S. 30: M. Rügner; S. 33: G. Weissing; S. 37:
U. Schneiders

**Bibliografische Information Der Deutschen Bibliothek**
Die Deutsche Bibliothek verzeichnet diese Publikation in der
Deutschen Nationalbibliografie; detaillierte bibliografische Daten sind
im Internet über http://dnb.ddb.de abrufbar.

ISBN 3-501-52044-1

apropos: leben 552.044
© 2006 by Verlag der St.-Johannis-Druckerei, Lahr/Schwarzwald
Gestaltung: Sabine Maria Reister, 76307 Karlsbad
Gesamtherstellung: St.-Johannis-Druckerei, Lahr/Schwarzwald
Printed in Germany 16182/2006

www.johannis-verlag.de